Künstliche Intelligenz

Einführung in Machine Learning, Deep Learning, neuronale Netze, Robotik und Co.

von Phillip Kuhlmann

1. Auflage

Inhaltsverzeichnis

1. Vorwort

Ohne den Einsatz modernster Technik geht in vielen Bereichen heutzutage nichts mehr. Immer neue Fortschritte sorgen dafür, dass unser Alltag regelmäßig durch Innovationen auf den Kopf gestellt wird. Insbesondere die **künstliche Intelligenz** (KI) spielt dabei eine große Rolle. Während viele den Einfluss der KI noch gar nicht mitbekommen haben, ist die künstliche Intelligenz mittlerweile in fast jedem Haushalt zu finden und zentraler Bestandteil vieler Abläufe des Alltags. Doch was ist künstliche Intelligenz überhaupt, welche Rolle wird die künstliche Intelligenz in Zukunft spielen und was verbirgt sich hinter themenverwandten Begriffen wie dem **Machine Learning**, dem **Deep Learning** oder **neuronalen Netzen**?

2. Geschichte der künstlichen Intelligenz - Wie aus Visionen künstliche Hochleistungsgehirne entstanden

Innerhalb weniger Jahre hat die Computerwissenschaft fast schon surreale Schritte genommen. Teil dieser Entwicklung ist die künstliche Intelligenz, die in vielen Unternehmen mittlerweile fester Bestandteil einzelner Unternehmensstrukturen ist. Die Leistungen der KI-Systeme haben sich innerhalb eines kurzen Zeitraums derart gesteigert, dass die durch die Künstliche Intelligenz erbrachten Leistungen innerhalb der Fachwelt längst als intelligent und zugleich kreativ eingestuft werden. Der Nutzen, den die Entwicklung der künstlichen Intelligenz mit sich gebracht hat, lässt sich längst auch nicht mehr abstreiten. Gefühlt dreht sich die Erde immer schneller, während zeitgleich alles komplexer wird. Um diesem Tempo effektiv folgen zu können, ist es unumgänglich, dass der Mensch seine natürlichen Ressourcen nutzt. Nur so können wir sicherstellen, dass die von uns geschaffene Komplexität auch beibehalten und weiterentwickelt werden kann. Genau an diesem Punkt kommt die künstliche Intelligenz ins Spiel, denn schon die ersten Vorreiter auf diesem Gebiet verfolgten das Ziel, Vorgänge und Abläufe einfacher zu gestalten.

2.1 Die ersten Schritte

Bereits im 17. Jahrhundert stellte der französische Mathematiker Blaise Pascal erste Überlegungen an, eine **Rechenmaschine** zu gestalten, die als primäres Ziel einen praktischen Nutzen hatte. Zwar fehlten die formalen sowie die materiellen Möglichkeiten, dieses Projekt umzusetzen, doch heute lassen sich die Ideen von Pascal oder später auch von Charles Babbage als erste Visionen auf diesem Gebiet bezeichnen. In Ermangelung der technischen Möglichkeiten blieben die ersten Grundgedanken auf dem Gebiet auch über einen langen Zeitraum nur Visionen. Erst Mitte der dreißiger Jahre des 20. Jahrhunderts wurden die Ideen erneut aufgeschnappt und weiterentwickelt. Treibende Kraft hinter diesem Prozess war der britische Mathematiker Alan Turing. Anhand der heute als **Turing-Maschine** bekannten Rechenmaschine gelang es Alan Turing im Jahr 1936 erstmals nachzuweisen, dass eine universelle Rechenmaschine durchaus umsetzbar wäre. Turing kam bei seinen Forschungen zu der Erkenntnis, dass Maschinen prinzipiell in der Lage sind, komplexe mathematische Probleme zu lösen. Entscheidend ist, dass das Problem anhand von **Algorithmen** sowohl darstellbar als auch lösbar ist. Im Umkehrschluss vertrat er die Ansicht, dass Maschinen auch **kognitive Prozesse** des Menschen nachvollziehen könnten, sofern sich diese Prozesse in klar definierte Algorithmen zerlegen lassen. Auf Basis dieser Theorie entstand nur wenige Jahrzehnte später der erste praktisch verwendbare **Digitalcomputer**, welcher als erste greifbare Trägersubstanz für die künstliche Intelligenz bezeichnet werden darf.

2.2 Ein historisches Treffen legt den Grundstein für die Entwicklung

Den ersten großen Schritt in Richtung der künstlichen Intelligenz erlebte Turing nicht mehr. Nur drei Jahre nach seinem Tod kam es 1956 zu einem wegweisenden Treffen am renommierten Dartmouth College im US-Bundesstaat New Hampshire. Zu den Teilnehmern zählten unter anderem der Kognitionspsychologe Alan Newell, der Ökonomie-Nobelpreisträger Herbert Simon sowie John McCarthy, Nathaniel Rochester oder Marvin Minsky, die im späteren Verlauf ihrer Karrieren jeweils prägnante Fußspuren im Bereich der künstlichen Intelligenz sowie der Computerwissenschaften hinterlassen sollten. Die nach dem Treffen veröffentlichte Erkenntnis sorgte zunächst für wenig positive Resonanz. Zwar kamen die Teilnehmer der Konferenz zu dem Schluss, dass das Denken auch abseits des menschlichen Gehirns möglich ist, jedoch fanden sich zunächst keine Lösungsansätze, wie dies in der Praxis aussehen könnte. Ferner war die gesamte Konferenz von vielen Unstimmigkeiten geprägt, die bereits bei der Namensgebung für das neue Fachgebiet begannen. Der spätere Entwickler der Programmiersprachen Lisp, John McCarthy, schlugen während der Konferenz den Namen **Artificial Intelligence** vor, wenngleich er selbst damit nicht gänzlich glücklich war. Auch bei einigen seiner Kollegen fand die Bezeichnung für das neue Fachgebiet keinen Anklang. Trotz der Kontroversen um die Namensgebung setze sich der Begriff letzten Endes durch und wurde kurze Zeit später auch eins zu eins ins Deutsche übernommen, weshalb wir noch heute von der künstlichen Intelligenz sprechen.

Wie bereits erwähnt, waren die Ergebnisse auf den ersten Blick für die Fachwelt zunächst sehr dürftig. Doch während der allgemeinen Debatte platzte im wahrsten Sinne des Wortes die große Bombe, auf die viele gehofft hatten und die maßgeblich die Theorie von Turing bestätigte. Newell, Shaw und Simon veröffentlichten ein von ihnen geschriebenes KI-Programm namens **LOGIC THEORIST**. Es war das weltweit erste intelligente und funktionierende Programm seiner Art. LOGIC THEORIST war selbstständig in der Lage, 38 Theoreme des Principia Mathematica von Russel und Whitehead zu beweisen. Somit konnte erstmals beweisen werden, dass

Computer in der Lage sind, Aktionen durchzuführen und Aufgaben zu lösen, für die es eigentlich die menschliche Intelligenz bräuchte. Ferner konnten Newell, Shaw und Simon anhand des LOGIC THEORIST demonstrieren, dass Computer auch Symbole und nicht nur Zahlen analysieren und verarbeiten können. Nur kurze Zeit nach der Veröffentlichung des LOGIC THEORIST stellte Konferenzteilnehmer John McCarthy die Programmiersprache **Lisp** vor. In den folgenden Jahren entwickelte sich Lisp innerhalb der USA zur ersten Standardsprache für Anwendungen der künstlichen Intelligenz. Auf Basis dieser Programmiersprache war es überhaupt erst möglich, dass die Forschungen auf diesem Gebiet zu einer ernsthaften Disziplin der Wissenschaft reiften.

2.3 Erste Einsatzgebiete der künstlichen Intelligenz

In der Folge dieser ersten wegweisenden Entwicklungen versprachen sich viele Forscher große Schritte, um mittels künstlicher Intelligenz ein intelligentes Verhalten von Maschinen erzeugen zu können. Die Erwartungen gingen sogar so weit, dass Herbert Simon bereits 1957 voraussagte, dass es weniger als zehn Jahre benötigen würde, bis ein Computer erstmals einen Schachweltmeister schlagen könne. Auch stellte er die Behauptung auf, dass es einer künstlichen Intelligenz innerhalb dieses Zeitraums gelingen würde, einen prägnanten mathematischen Satz zu entdecken und diesen auch zu beweisen. Beide Behauptungen erwiesen sich als falsch, da die Erwartungshaltung schlicht und einfach zu hoch gesteckt war.

Im Mittelpunkt der Forschungen zu dieser Zeit standen Versuche, das menschliche Verhalten für das Lösen von Problemen auf Computer zu übertragen. Immerhin konnten sogenannte Problemlöser wie der **GENERAL PROBLEM SOLVER**, kurz GPS, auch erste Probleme durch die Anwendung von **Mittel-Zweck-Analysen** lösen. Allerdings stieß die Wissenschaft an dieser Stelle auch an ihre Grenzen. Es gelang nicht, komplexe und reale Probleme zu lösen, für deren Ansatz tatsächliches Wissen von Nöten war. Aufgrund dieser Einbahnstraße wurde die Entwicklung des GENERAL PROBLEM SOLVER im Jahr 1967 eingestellt.

2.4 Elfenbeinturm und Streit um die KI

Als zweite Ära der künstlichen Intelligenz wird die Phase zwischen 1965 und 1975 angesehen. In ihren Erfolgen unterschieden sich die Forschungen kaum von der ersten Ära. Als Resultat der ausbleibenden Erfolge kürzte die amerikanische Regierung sogar die Forschungsgelder für KI-Projekte. Um ihre Forschungen dennoch aufrecht erhalten zu können, entstand die sogenannte künstliche Intelligenz im Elfenbeinturm. In Ermangelung der notwendigen Forschungsgelder wurden neue Entwicklungen in Spielzeugwelten durchgeführt, ohne dass dabei ein tatsächlicher praktischer Nutzen erkennbar war. Was zunächst merkwürdig klingt, hatte einen großen Vorteil. Durch die Besinnung auf die wesentlichen Erkenntnisse der bisherigen Forschungen waren die Wissenschaftler nun in der Lage, das Konzept der künstliche Intelligenz nahezu von Grund auf neu anzugehen und sich nach und nach der natürlichen Umgebung wieder anzunähern.

Ein erstes erfolgreiches Programm, das auf diese Weise entstand, war das von Terry Winograd im Jahr 1972 programmierte **SHRDLU**. Dieses System basierte auf einer natürlichen Sprache und war in einer sehr überschaubaren Welt aus Klötzchen angesiedelt. Heutzutage wird

SHRDLU als das erste Programm angesehen, mit dessen Hilfe es möglich war, ein Sprachverständnis mit der Simulation einer planvollen Ausführung zu verbinden. SHRDLU konnte auf Anfrage bestimmen, an welcher Position sich einzelne Klötzchen befanden und diese auf Befehl hin sogar symbolisch umstellen.

Während Winograd mit SHRDLU erste Erfolge feiern konnte, kam es im selben Zeitraum zu einer hitzigen Debatte bezüglich des ontologischen Status der künstlichen Intelligenz. Allen Newell und Herbert Simon veröffentlichen die Physical Symbol System Hypothesis, die zu den Arbeiten Turings Stellung bezog. Newell und Simon vertraten die Ansicht, dass das Denken lediglich eine Form der Informationsverarbeitung sei, bei dem Symbole mithilfe eines Rechenvorgangs manipuliert werden. Daraus folgerten sie, dass das Gehirn beim eigentlichen Denkprozess keine zentrale Rolle spielen würde. Dieser Auffassung widersprach der Philosoph John Searle mit großer Vehemenz. Aus der Debatte zwischen Newell und Simon auf der einen und Searle auf der anderen Seite entwickelten sich die Positionen der schwachen und der starken künstlichen Intelligenz.

Searle verfolgte den Ansatz der schwachen KI, da er die Auffassung vertrat, dass menschliches Denken an den Körper und vor allem an das Gehirn gebunden sei. Um seine These zu untermauern, wies er darauf hin, dass das kognitive Denken ein elementarer Bestandteil der evolutionären Entwicklung des Menschen wäre. Im Umkehrschluss besagt diese These, dass das Denken nicht von der Biologie des Menschen abgetrennt werden kann. Seiner Auffassung nach seine Computer lediglich in der Lage, Denkprozesse zu imitieren. Ein tatsächliches Denken würde dabei jedoch in keinster Weise stattfinden.

Unterstützer der starken KI nach Newell und Simon traten dieser Auffassung ebenfalls vehement entgegen. Sie argumentierten, dass Computer sehr wohl die Möglichkeit besäßen, individuell und unabhängig vom Menschen denken zu können. Ausschlaggebend für die Annahme war ein zunächst merkwürdig klingender Vergleich: Computer würden ebenso wie der Mensch lediglich aus Hardware bestehen. Dass dieser Gedankengang gar nicht so abwegig ist, beweisen Forschungsergebnisse auf dem Gebiet der menschlichen Intelligenz. Demnach muss eine Trägersubstanz lediglich eine ausreichende Komplexität besitzen, um Denkprozesse zu ermöglichen. Folglich könnten auch Computer, sofern sie jene Komplexität aufweisen, zumindest in der Theorie auf gleiche Art und Weise denken wie der Mensch.

2.5 Erste praktische Anwendungen

Die dritte Ära der künstlichen Intelligenz zwischen 1975 und 1985 wird stark durch **Expertensysteme** geprägt. Nachdem unterschiedliche Entwicklungen im sogenannten Elfenbeinturm neue Erkenntnisse ermöglichten, wurde sich zunehmend der praktischen Anwendung zugewandt. Expertensysteme umfassen das Wissen von nur einem spezifischen Fachgebiet, das durch Regeln und erstmals auch durch größere Datenmengen präsentiert wird. Als wegweisendes Expertensystem wird das **MYCIN** angesehen, mit dessen Hilfe es möglich war, Diagnose und Therapieentscheidungen für Blutinfektionskrankheiten sowie Meningitis zu unterstützen. Anhand einer kritischen Einschätzungen kamen Experten zu dem Entschluss, dass die durch MYCIN getroffenen Entscheidungen denen der Ärzte entsprach.

Auf Basis der Erkenntnisse, die mittels MYCIN geworden wurden, entwickelte sich eine Vielzahl an Expertensystemen, deren eine komplexe Architektur zugrunde lag. Daraus resultierte die Anwendung entsprechender Programme und Systeme in unterschiedlichsten Fachgebieten wie der Medizin, der Chemie, aber auch im Bereich der Informatik. Abseits der Expertensysteme entwickelte sich parallel die Sprachverarbeitung, welche sich an praktischen Problemstellungen orientierte.

2.6 Die künstliche Intelligenz erlebt ihren Aufschwung

Bereits zu Beginn der 1980er hatte Japan das Fifth Generation Project angekündigt und ins Leben gerufen. Dieses Projekt verfolgte das Ziel, eine praktisch anwendbare KI-Spitzenforschung innerhalb Japans zu erzeugen. Anders als die Amerikaner setzten die Japaner hierfür auf die Programmiersprache **PROLOG**, die ursprünglich als europäisches Gegenstück zur Programmiersprache Lisp gedacht war. Daraus resultierte, dass die Forschungen in den USA primär mit Lisp fortgeführt wurden, während Europa und Japan bei der Entwicklung künstlicher Intelligenzen weitestgehend auf PROLOG setzten. Aufgrund dieser Tatsache entwickelte sich insgeheim eine Art der Wettforschung, da sowohl die USA als auch Europa und Japan aufzeigen wollten, dass ihre bevorzugte Programmiersprache besser sei.

Parallel zu dem somit ausgelösten Wettkampf erlebten auch die **neuronalen Netze** eine zumindest kurzzeitige Auferstehung. Dank Weiterentwicklung konnte die Forschung auf diesem Gebiet ausgebaut werden, wodurch die Fördergelder zunächst deutlich in die Höhe schossen. Nach kurzer Zeit kam man jedoch erneut zu der Erkenntnis, dass die Zeit für neuronale Netze noch immer nicht gekommen war. Zwar hatte die Technik große Fortschritte gemacht und somit entsprechende Hoffnungen geweckt, jedoch fehlte es weiterhin an ausreichend Trainingsdaten sowie an Lösungen bezüglich der Strukturierung und Modularisierung der neuronalen Netze.

2.7 Künstliche Intelligenz trifft auf Robotik

Die rasante Entwicklung der künstlichen Intelligenz begann allerdings erst Anfang der 1990er Jahre. Angetrieben durch Marvin Minskys Buch Society of Mind, entstand ein grundlegend neuer Ansatz der künstlichen Intelligenz. Laut der Ansicht Minskys basiert Intelligenz auf einer Ansammlung kleiner Einheiten, die einzeln nur für primitive Aufgaben zuständig sind, zusammenfassend aber intelligentes Verhalten ermöglichen. Basierend auf dieser Grundlage sprach Minsky die KI-Gemeinde direkt an und forderte diese auf, sozial inspirierte Algorithmen zu entwerfen, um Auswege aus individuellen Sackgassen zu suchen und zu finden.

Carl Hewitt verfolgte diesen Ansatz und konzipierte ein erstes Modell, dem primitive Einheiten zugrunde lagen. Diese sogenannten **Actoren** sollten untereinander Botschaften austauschen, jedoch parallel zueinander arbeiten. Das Modell führte schließlich zum ersten sozial interagierenden System, weshalb Carl Hewitt als Vater dieses Ansatzes gilt. Auf den somit erzeugten neuen Möglichkeiten basierte auch die erste KI-Schachmaschine, die sogar in der Lage war, Schachgroßmeister Garri Kasparov zu besiegen.

Parallel zu diesen ersten Erfolgen nahm die **Robotik** dank der fortgeschrittenen künstlichen Intelligenz ebenfalls Fahrt auf. Beim seit 1997 ausgetragenen RoboCup traten erstmals Mannschaften aus der ganzen Welt gegeneinander an. Die Spieler bestehen dabei aus autonom agierenden Robotern, die sich im Fußball messen. Die darauf folgenden Entwicklungen waren nicht nur wegweisend, sie wurden auch innerhalb weniger Jahre durchgesetzt. Waren 2005 noch Serviceroboter die wichtigste Forschungsdisziplin, wurde nur fünf Jahre später damit begonnen, das Verhalten autonomer Roboter mithilfe maschinellem Lernens zu optimieren.

2.8 Die kommerzielle Wende als vorerst letzte Phase

Etwa um 2010 waren die ersten autonomen Systeme bereit für ihren Einsatz außerhalb der Forschungslabore. Das maschinelle Lernen sowie das **Natural Language Processing** stehen seitdem im Fokus der Forscher und auch die neuronalen Netze schafften endlich ihren Durchbruch und gelten mittlerweile als der vielversprechendste Ansatz zur Lernentwicklung der künstlichen Intelligenz.

Ausschlaggebend für die spontane Wendung und die zunehmende Kommerzialisierung der künstlichen Intelligenz waren die optimierten KI-Verfahren sowie die parallel dazu stetig weiterentwickelten Software- und Hardwareprodukte, die immer leistungsfähige Rechner ermöglichten. Insbesondere Multi-Core-Architekturen, optimierte Algorithmen und schnelle **In-Memory-Datenbanken** trugen dazu bei, dass die dadurch geschaffenen Anwendungen auch für Unternehmen attraktiver wurden. Ein nicht unwesentlicher Bestandteil dieser Entwicklung ist darüber hinaus die durch das Internet generierte Masse an Daten, durch die sich Lernalgorithmen deutlich effektiver trainieren lassen.

Dass diese Entwicklung auch den führenden Unternehmen wie IBM, Google und Co nicht verborgen blieb, dürfte klar sein. Die Folge waren Investitionen in Millionenhöhe, um dank moderner künstlicher Intelligenzen Vorteile für das eigene Unternehmen gewinnen zu können. Mittlerweile zählt der KI-Sektor bei allen Big Playern zu den wichtigsten Faktoren innerhalb der Unternehmen. Das **Deep Learning** sowie anderweitige KI-Verfahren werden infolgedessen immer weiter entwickelt und versprechen große Erfolge.

3. Ab wann gilt ein Computer als intelligent?

Um diese Frage zu klären, schauen wir ein weiteres Mal auf Alan Turing. Dieser entwickelte nicht nur die Theorie, dass ein Computer in der Lage ist, komplexe Aufgaben durch Anwendung von erlernter Intelligenz zu lösen. Vielmehr war es ebenfalls zentraler Bestandteil seiner Überlegungen, wie eine entsprechende Intelligenz nachgewiesen werden könnte. Als Resultat dieser Überlegung entwickelte er 1950 einen Test, der heutzutage als **Turing-Test** bekannt ist und weltweit als anerkanntes Messwerkzeug für künstliche Intelligenz gilt. Dabei wird ein Versuchsmodell zwischen zwei Menschen und einer Maschine aufgebaut. Als Basis der Kommunikation dienen hierfür Chat-Programme zwischen Mensch und Computer, da auf diese Wiese ausgeschlossen werden kann, dass der Proband anhand Sicht- oder Hörkontakten Informationen erlangt. Ein Mensch fungiert im Turing-Test als sogenannter Tester, während die andere Person sowie der Computer den Tester anhand einer Kommunikation davon überzeugen müssen, dass sie denkende Individuen sein. Erst, wenn der Tester nach Abschluss der Kommunikation nicht zweifelsfrei unterscheiden kann, welcher Kommunikationspartner Mensch und welcher Maschine war, gilt der Test als bestanden und der Computer als intelligent.

Bereits 1991 lobte der Soziologe Hugh G. Loebner eine Summe von 100.000 Dollar für den Entwickler des Computerprogramms aus, das als erstes den Turing-Test bestehen würde. Bis heute ist diese Summe ausgeschrieben, da es noch keinem Programm gelang, die Expertenjury zweifelsfrei zu überzeugen. Führende Forscher auf dem Gebiet gehen derzeit auch nicht davon aus, dass dies in absehbarer Zukunft möglich sein wird. Dass es noch keiner Maschine gelang den Turing-Test zu bestehen, wird allgemein dem Umstand zugeschrieben, dass die Komplexität der natürlichen Intelligenz in weiten Teilen unterschätzt wird.

4. Machine Learning

Vielen Menschen dürfte noch immer unbekannt sein, in welchem Maße das maschinelle Lernen bereits unseren Alltag beeinflusst. Und doch ist dies quasi rund um die Uhr der Fall. Das Machine Learning gilt als Teilbereich der künstlichen Intelligenz. IT-Systeme werden dabei mithilfe stetigem maschinellen Lernens erweitert und verbessert. Das Resultat der daraus geschaffenen Möglichkeiten begegnet uns täglich. Ob wir das Smartphone benutzen oder mit Sprachassistenten auf dem Computer kommunizieren - all diese Vorgänge sind nur durch das Machine Learning möglich.

4.1 Was versteht man unter Machine Learning?

Machine Learning, seltener auch maschinelles Lernen genannt, bezeichnet die Lernfähigkeit einer Software oder eines Computers. Anhand vorhandener Daten können die implementierten Algorithmen Muster, Gesetzmäßigkeiten und Regeln erkennen und entsprechende Lösungen dazu entwickeln. Sofern passende Daten in ausreichendem Maß vorhanden sind, sind Systeme, die auf künstlicher Intelligenz basieren in der Lage, maschinelles Lernen für folgende Prozesse nutzen:

- Das Aufspüren, Extrahieren sowie Zusammenfassen relevanter Informationen und Daten
- Die Vorhersage spezifischer Ereignisse, basierend auf den analysierten Daten
- Das Optimieren von Prozessen durch das Analysieren bekannter Muster
- Die Errechnung von Wahrscheinlichkeiten
- Die selbstständige Weiterentwicklung bereits bestehender Prozesse

4.2 Wie funktioniert das Machine Learning?

Prinzipiell ähnelt das Machine Learning dem Lernprozess, den auch wir Menschen zeitlebens durchlaufen. Schon im Kindesalter beginnt das Lernen, indem Objekte auf Bildern analysiert und zugeordnet werden. Ähnlich funktioniert das Lernen auch beim Machine Learning, wobei Objekte oder gar Personen identifiziert und auf diese Weise unterschieden werden können. Um diesen Lernprozess einzuleiten, muss die entsprechende Lernsoftware mit ausreichend Daten versorgt werden. Stellen Sie sich vor, dass der Computer regelmäßig mit Bildern gefüttert wird, auf denen beispielsweise Affen zu sehen sind. Parallel dazu werden Datensätze mit Objekten eingespeist, die keine Affen darstellen. Entscheidend dabei ist, dass der oder die Programmierer dem Computer mitteilen, wann es sich um einen Affen und wann es sich nicht um einen Affen handelt. Anhand dieser Daten sorgt der Algorithmus dafür, dass das Model stetig angepasst und optimiert wird. Jeder folgende Datensatz trägt dazu bei, dass die Software irgendwann eine eindeutige Unterscheidung zwischen Affe und Nicht-Affe vornehmen kann. Selbiges Prinzip kann dementsprechend auch bei menschlichen Gesichtern genutzt werden, um diese anhand spezifischer Merkmale voneinander zu unterscheiden.

4.3 Die Vorteile des Machine Learnings

Zwar klingt der Prozess des Machine Learnings zunächst nach einer langwierigen und komplizierten Geschichte, jedoch versteckt sich dahinter ein großer Nutzen sowie ein noch größeres Potenzial für zukünftige Einsatzgebiete. Dank des Machine Learnings wird es Ihnen in Zukunft möglich sein, mühselige und aufwendige Arbeiten dem Computer zu überlassen. So ermöglichen entsprechende Programme mittlerweile das selbstständige Sortieren von Bildern oder gar Papierdokumenten wie Rechnungen. Ein Mal gelernt, kann die Software entsprechende Dokumente scannen, speichern und abschließend im Zielordner ablegen.

Während diese Programme künftig den Alltag in Büros, aber auch in den eigenen vier Wänden erheblich erleichtern werden, spielen sie auch mit Blick auf die Wirtschaft sowie die Medizin eine tragende Rolle. Wie am Beispiel der automatischen Erkennung von Objekten, Gesichtern oder Tieren bereits erklärt, können sie vielfältige Aufgaben übernehmen. So lernen die Programme, komplexe und wichtige Aufgaben zu übernehmen. Vor allem die Industrie profitiert bereits im hohen Maße von der künstlichen Intelligenz. So übernehmen intelligente Programme die Prüfung von maschinell hergestellten Bauteilen während der Fertigung. Dabei erkennen sie mögliche Fehler oder Schäden und geben darauf hin Signale oder sortieren die fehlerhaften Bauteile selbstständig aus.

Doch nicht nur die Industrie macht sich das Machine Learning bereits zunutze. Nach einem nahezu identischen Muster arbeiten Programme, die in der Medizin zum Einsatz kommen. So sind sie in der Lage, Krebstumore oder anderweitige Unregelmäßigkeiten im Körper zu erkennen. Darüber hinaus besitzen einzelne Programme schon jetzt die Fähigkeit, die Krankheit zu diagnostizieren und entsprechende Therapieempfehlungen auszugeben. Wie unterschiedliche Testphasen gezeigt haben, arbeiten die Programme heutzutage meist schon effizienter als menschliche Fachexperten auf den jeweiligen Gebieten. Dies ist insbesondere einem Umstand zu verdanken: Das Machine Learning ermöglicht es, große Datenmengen sowie komplexe Zusammenhänge in kurzer Zeit zu erkennen und auszuwerten.

4.4 Woher kommt die plötzliche Entwicklung?

Vielleicht geht es Ihnen wie vielen anderen Menschen auch, die gerade erst auf das Thema der künstlichen Intelligenz aufmerksam geworden sind und vorher wenig bis gar nichts über das Machine Learning wussten. Gefühlt spielt diese nämlich erst seit wenigen Jahren eine Rolle, während sie in den Medien parallel dazu wenig Anklang findet und folglich kaum darüber berichtet wird. Tatsächlich geht das Machine Learning jedoch auf Forschungen zur Mustererkennung zurück, die bereits vor mehr als 30 Jahren begonnen wurden. Aufgrund technischer Defizite war die Weiterentwicklung zeitweise nur bedingt möglich. Interessant ist, dass letzten Endes Computerspiele dafür verantwortlich waren, dass die Forschungen zum Thema Machine Learning wieder aufgenommen und intensiviert wurden. Um Spielern immer interessantere und aufregendere Spiele zugänglich zu machen, sind Grafikkarten innerhalb der letzten Jahre deutlich leistungsfähiger geworden. Die modernen und ausgefeilten Grafikprozessoren gaben den Entwicklern einen neuen Anschub, denn durch die neue Prozessorleistung konnten fortan große Datenmengen parallel verarbeitet werden. Ermöglicht wird dieser Umstand eine hohe Anzahl an Recheneinheiten. Moderne Grafikprozessoren verfügen über mehrere tausend dieser Recheneinheiten und sind daher in der Lage, Daten deutlich schneller zu verarbeiten als herkömmliche Prozessoren.

4.5 Zwei unterschiedliche Verfahren dienen als Lernmethode

Um den Lernprozess entsprechender Software überhaupt zu ermöglichen, greifen Unternehmen auf zwei verschiedene Verfahren zurück. Zwar gibt es weitere Dutzende leicht abweichende Verfahren, primär wird jedoch in **symbolische und subsymbolische Systeme** unterschieden. Bei symbolischen Ansätzen handelt es sich um Systeme, die auf logischen Informationen, respektive auf eingespeistem Wissen basieren. Konkrete Beispiele und festgelegte Regeln unterstützen an dieser Stelle den Lernprozess. Subsymbolische Systeme wie etwa künstlich generierte neuronale Netze hingegen funktionieren auf Basis implizit repräsentierten Wissens. Als Vorbild dient hierfür das menschliche Gehirn.

Da das Machine Learning generell auf einer algorithmischen Umsetzung beruht, besteht die Option, den Lernvorgang sowohl überwacht als auch unüberwacht zu gestalten. Das überwachte Lernen verfolgt ein System, nachdem der Computer mit Informationspaaren aus Ein- und Ausgaben gefüttert wird. Parallel dazu werden die korrekten Werte zur jeweiligen Eingabe bereitgestellt. Ziel dieser Vorgehensweise ist es, gewisse Fähigkeiten durch eine Vielzahl an Rechengängen zu trainieren, in dem unterschiedliche Ein- und Ausgaben generiert werden. Anhand dieser Erfahrung lernt das System, auch komplexe Verbindungen herzustellen. Das unüberwachte Lernen hingegen basiert auf einem Algorithmus, der ein Modell erzeugt. Dieses Modell soll sowohl Eingaben beschreiben als auch Prognosen ermöglichen. Durch die somit generierten Werte kann das Programm selbstständig **Klassifikatoren** erzeugen, nach denen relevante **Eingabemuster** eingeteilt werden können.

4.6 Machine Learning überholt die menschliche Leistungsfähigkeit

Über viele Jahre hinweg beschäftigte eine Frage die Wissenschaftler: Kann eine künstliche Intelligenz mit der Intelligenz eines Menschen mithalten oder diese sogar übertreffen? Die Antwort darauf wurde vor wenigen Jahren gegeben und seitdem mehrfach bestätigt. Künstliche Intelligenz ist nicht nur in der Lage, mit den **kognitiven Fähigkeiten** des Menschen mitzuhalten, sie kann diese auch deutlich übertreffen. Der erste nennenswerten Erfolg im Kampf KI gegen Mensch geht auf das Jahr 1996 zurück. Damals gewann der Schachcomputer Deep Blue gegen den Schachgroßmeister Garri Kasparow. Das von IBM konzipierte System Watson trat 15 Jahre später in einem Wissensquiz gegen mehrere menschliche Kandidaten an und konnte dabei einen deutlichen Sieg erringen.

Deutlich beeindruckender ist allerdings die Leistung von AlphaGo. Das von Google entwickelte Machine Learning System gewann 2016 einen Wettkampf gegen den Go-Weltmeister Lee Sedol mit 4:1. Interessant ist dieser Sieg vor allem aufgrund zweier Tatsachen. Go gilt dank seiner Komplexität als eines der schwierigsten Brettspiele überhaupt. Aufgrund der nahezu unbegrenzten Anzahl theoretischer Positionen der Spielsteine gingen viele Wissenschaftler davon aus, dass Go zu komplex sei, als dass ein Computer auch nur ansatzweise eine Chance hätte. Entscheidend war allerdings eine Situation im Spielgeschehen, die signifikant für den Erfolg von AlphaGo sein sollte und deutlich machte, dass das Programm tatsächlich intelligent agieren kann. Nach einem Zug des Computers sind sowohl Kommentatoren als auch Gegenspieler Lee Sedol verwirrt, denn der Zug scheint keinen Sinn zu ergeben. War AlphaGo an diesem Punkt an seine Grenzen gestoßen? Nein, ganz im Gegenteil. Nur kurzer Zeit später ergibt der Zug plötzlich Sinn. Darüber hinaus ist er entscheidend für den Ausgang der Partie. Alpha Go war tatsächlich in der Lage, einen Lösungsansatz zu finden, den selbst Weltmeister noch Experten nicht erahnen und nachvollziehen konnten. Deutlicher kann kaum nachgewiesen werden, dass künstliche Intelligenz nicht nur der menschlichen ebenbürtig sein, sondern sie auch übertreffen kann.

Wie effektiv AlphaGo in anderen Bereichen arbeitet, zeigt ein anderes Beispiel. Google nutzte die Fähigkeiten des Systems, um den Stromhaushalt seiner Rechenzentren zu regulieren. Der Algorithmus schaffte es tatsächlich, den Stromverbrauch des Rechenzentrums um satte 15 Prozent zu senken.

4.7 Welche Anwendungen stehen im Vordergrund?

Das System des Machine Learnings wird derzeit vorrangig im Internet eingesetzt. Unternehmen wie Netflix oder Amazon nutzen das maschinelle Lernen, um Empfehlungen für ihre Produkte gezielt und individualisiert an den Mann bringen zu können. Auch Facebook macht sich das Machine Learning intensiv zunutze und verwendet entsprechende Algorithmen für seine Gesichtserkennung. Haben Sie schon Mal jemanden aus ihrem Freundeskreis anhand eines Bildes markiert? Wenn ja, dann sind Sie bereits mit dem System von Facebook in Kontakt gekommen. Aufgrund der gesammelten Daten verfügt Facebook mittlerweile über die weltweit größte Datenbank von Gesichtern.

Eine weitere und weit verbreitete Anwendung finden sich bei E-Mail-Dienstleistern. Diese setzen das Machine Learning gezielt dazu ein, um Spam automatisch erkennen und an den entsprechenden Ordner senden zu können. Anhand von erlernten Mustern können die Programme den Inhalt der Mails auslesen und auswerten. Je nachdem welche Muster sich innerhalb der E-Mail befinden, entscheidet das System, ob die Mail als Spam markiert wird, oder ob sie regulär in den Eingangsordner verschoben werden soll. Mit jeder wieteren E-Mail, die durch das System analysiert wird, wird auch der Lernprozess vorangetrieben. Als Resultat daraus entwickelt sich das Programm ständig weiter und kann den Inhalt künftiger E-Mails noch besser identifizieren und zuordnen. Nach selbigem Prinzip arbeiten auch Programme, die der Abwehr von Computerattacken oder der Verfolgung von Cyberkriminalität dienen.

4.8 Kommerzielle Nutzung im Fokus

Die kommerzielle Nutzung des Machine Learnings ist eine lukrative Angelegenheit, die sich moderne Unternehmen keinesfalls mehr entgehen lassen. Im Grunde lässt sich sogar sagen, dass die künstliche Intelligenz aus den gesammelten Daten bares Geld macht. Wichtig ist die Tatsache, dass die Nutzung der KI sowohl dem Unternehmen als auch dem Kunden zugute kommt. Für Unternehmen sind vor allem zwei Punkte entscheidend. Einerseits lässt sich Werbung mithilfe des Systems gezielt auf die individuellen Vorlieben des Kunden schalten. Andererseits kann der Umsatz deutlich gesteigert werden. Dieser Vorgang geht Hand in Hand mit einer gesteigerten Kundenzufriedenheit, die durch die Verwendung des Machine Learnings ermöglicht wird.

Um zu erklären, wie diese Vorteile genau entstehen, bedarf es einer genauen Betrachtung. Mit Sicherheit sind Sie im Internet schon irgendwann eine auf Umfrage gestoßen, die Ihre Zufriedenheit als Kunde überprüfen sollte. Diese Umfragen werden in fast allen Fällen nicht von Menschen, sondern von Programmen ausgewertet, die auf dem Prinzip des Machine Learnings basieren. Anhand der somit generierten Daten kann die Software feststellen, welche Aspekte der jeweiligen Website Sie als positiv empfinden und welche Aspekte möglicherweise dazu führen könnten, dass Sie als Kunde verloren gehen könnten. Ausgewertet und genutzt werden beide Resonanzen. Während die positiven Rückmeldungen genutzt werden, um Ihr Verhalten positiv zu beeinflussen, geben negative Rückmeldungen Aufschluss darüber, durch welche Schritte Sie als Kunde gehalten werden könnten. Darüber hinaus ermöglicht das sammeln der Daten in Kombination mit einem steten Lernprozess das Anlegen von Benutzerkategorien. Diese werden auf Basis ihrer Merkmale sortiert. Das System vergleicht daraufhin die Merkmale von bestehenden Kunden mit denen von abgewanderten Kunden. Daraus resultiert eine sogenannte Risikogruppe. Diese besteht aus aktuellen Kunden, die jedoch dieselben Merkmale aufweisen, wie ein Großteil der abgewanderten Kunden. Im Umkehrschluss können gezielte Maßnahmen ergriffen werden, Kunden aus der Risikogruppe dauerhaft zu halten. Auf diese Weise ist es dem Unternehmen möglich, gleichermaßen an der Kundenzufriedenheit zu arbeiten und zeitgleich den Umsatz zu steigern.

Große Unternehmen mit einem hohen Arbeits- sowie Verwaltungsaufwand machen sich das Machine Learning auf andere Weise zunutze. Sie greifen auf eine entsprechende Software zurück, die basierend auf festgelegten Faktoren Vorauswahlen treffen können, um somit den menschlichen Aufwand zu minimieren. So kann der Verwaltungsaufwand bei der Rekrutierung neuer Mitarbeiter wesentlich verringert werden, indem eine Software Bewerber anhand von erlernten Kriterien wie Schul- oder Studienabschlüssen sortiert. Übrig bleiben nur Kandidaten, die das Anforderungsprofil erfüllen. Ein identisches System nutzen längst auch viele Versicherungsunternehmen. Mussten Anträge sowie Forderungen früher noch manuell bearbeitet werden, werden etwaige Aufgaben durch die künstliche Intelligenz übernommen. Bei einfachen Versicherungsfällen kann das System auf diese Weise Vorentscheidungen treffen und voll automatisiert Antwortschreiben anfertigen.

4.9 Wer treibt die Forschung voran?

Bei den führenden Unternehmen bezüglich der Forschung auf dem Gebiet der künstlichen Intelligenz gibt es keine großen Überraschungen. Das Machine Learning steht sowohl bei Microsoft, Google, Facebook, Amazon, Apple sowie IBM im Fokus. Alle Unternehmen investieren jährlich viel Geld, um die Forschung voranzutreiben und sich das maschinelle Lernen zunutze zu machen. Die derzeit populärste Anwendung kommt aus dem Hause IBM und trägt den Namen Watson. Primär kommt das Programm im Finanz- und Gesundheitswesen zum Einsatz, sticht aber auch durch außerordentliche Leistungen abseits dieser Gebiete hervor. So war Watson die weltweit erste künstliche Intelligenz, der es gelang, einen Filmtrailer anhand eines Algorithmus anzufertigen.

Für Apple, Amazon und Microsoft liegt der Fokus hingegen auf der **Spracherkennung**. Programme wie Siri oder Cortana sollen innerhalb der nächsten Jahre perfektioniert werden, sodass auch Störgeräusche nicht mehr zu Fehlern bei der Spracherkennung führen und eine reibungslose Kommunikation zwischen Benutzer und Endgerät möglich ist. Parallel dazu bieten die genannten Unternehmen unterschiedliche Dienstleistungen an, die das maschinelle Lernverfahren nutzen. Um auch weiterhin in der Spitze mitspielen zu können, gibt es ein regelmäßiges Wettbieten um verheißungsvolle Start-ups, die mit innovativen Methoden des Machine Learnings aufwarten. Auch aus deutscher Sicht lässt sich in puncto Forschung viel Positives berichten. SAP hat sich dazu bereit erklärt, alle künftig entwickelten Anwendungen auf Basis der künstlichen Intelligenz zu gestalten und der breiten Massen zugänglich zu machen.

4.10 Jeder kann bei Bedarf vom Machine Learning profitieren

Einen ähnlichen Schritt wie SAP gehen aktuell auch Google, Amazon, IBM und Microsoft. Innerhalb ihrer Clouds bieten sie frei zugängliche Services an, mit denen selbst Entwickler ohne fundiertes Fachwissen auf die Fähigkeiten des maschinellen Lernens zurückgreifen können. Der Datenbestand, aus dem die späteren Anwendungen lernen soll, kann dabei frei gewählt werden. Die Plattform aus dem Hause IBM ist die bereits erwähnte Software Watson. Microsoft bietet das Azure ML Studio, Amazon das Amazon Machine Learning und Google das Tensorflow sowie weitere Plattformen an.

Neben den Angeboten der namhaften Marktführer setzen sich zunehmend Open-Source-Produkte durch, die in ihrer Qualität ähnlich gut sind. Auch sie verfolgen das Ziel, das Machine Learning einem breiten Anwenderkreis zugänglich zu machen. Zu den beliebtesten Open-Source-Anwendungen zählen Pyhton sowie die auf Java basierenden Weka und Deeplearning4j. Letztere ist eine Software, die sogar ein neuronales Netz in die Anwendungen implementiert und somit Prozesse im Bereich des Deep Learnings ermöglicht.

5. Deep Learning

Beim sogenannten Deep Learning handelt es sich um das spannendste und vielversprechendste Gebiet des Machine Learnings, bei der die Informationsaufnahme sowie die Verarbeitung von Information anderweitig stattfindet. Mithilfe neuronaler Netze und der Zufuhr sehr großer Datenmengen verfolgt das Deep Learning das Ziel, Lernmethoden nach Vorbild des menschlichen Gehirns zu schaffen. Insbesondere im Bereich der Bild-, Sprach- und Sequenzerkennung gibt es Stand jetzt keine effektivere Lösung. Doch worin unterscheidet sich das Deep Learning vom Machine Learning? Auf den ersten Blick wirkt das Deep Learning wie eine neue Methode. Diese Annahme entsteht zumeist dadurch, dass innerhalb eines kurzen Zeitraums eine Vielzahl methodischer Durchbrüche erzielt wurde. Gefühlt werden täglich neue Erkenntnisse auf dem Gebiet des Deep Learnings veröffentlicht. Tatsächlich ist die Methode aber gar nicht so neu.

5.1 Neuronale Netze als Basis der Forschung

Mit Blick auf das Deep Learning gibt es heutzutage kaum mehr einen Vorgang, der nicht auf der Verwendung neuronaler Netze beruht. Um zu verstehen wie das Deep Learning funktioniert, gilt es daher zunächst den Blick auf die Geschichte zu richten. Die Grundlagen der Methode wurden schon in den 1950er Jahren gelegt. Führender Kopf hinter der Entwicklung war Frank Rosenblatt. In seinen Forschungen setzte er sich intensiv mit einzelnen Einheiten neuronaler Netze auseinander. Im Verlauf seiner Forschung entwickelte er das sogenannte **Perzeptron**, ein einfaches künstliches neuronales Netz. Dieses bestand aus 400 **photosensitiven Einheiten**, die mithilfe einer **Zuordnungsschicht** an eine Ausgabeschicht, bestehend aus acht Einheiten, angeschlossen wurde. In den folgenden Jahrzehnten führten sowohl technische als auch methodische Limitationen dazu, dass das erste neuronale Netz nicht weiterentwickelt werden konnte und folglich an Bedeutung verlor. Insbesondere in Ermangelung an ausreichender Rechenleistung führte dies dazu, dass andere Algorithmen wie Kernel Methoden zunächst in den Vordergrund der Forschung gerieten. Es dauerte bis in das neue Jahrtausend hinein, ehe neuronale Netze wieder in den Fokus der Forschung rückten.

Fast 50 Jahre vergingen, ehe Geoffrey Hinton dank moderner Rechenleistungen an die Arbeit Rosenblatts anknüpfen konnte. 2006 gelang ihm erstmals ein erfolgreiches Training eines neuronalen Netzes, das aus mehreren Schichten bestand. Seit dieser bahnbrechenden Leistung gibt es quasi täglich neue Erkenntnisse auf diesem Gebiet. Dabei sind die Fortschritte so groß, dass das Deep Learning anhand neuronaler Netze fast schon zum Synonym des maschinellen Lernens wurde. Immer komplexer und umfangreicher sind die so entstandenen Lernprozesse seither geworden. Auch wenn Ende der 1950er Jahre die Technik fast schon in einer Zwickmühle zu stecken schien, so gibt sie heutzutage den Ton an.

5.2 Was genau sind neuronale Netze?

Auch wenn sie heutzutage unabdingbar für das Deep Learning sind, stellt sich die Frage, was neuronale Netze überhaupt sind. Nicht selten finden sich Behauptungen, in denen ihre Funktionsweise mit der des menschlichen Gehirns verglichen wird. Präzise ausgedrückt basieren sie jedoch nur bis zu einem gewissen Teil auf den Grundlagen der **Neurowissenschaft**. Darüber hinaus konnten Forschungen unlängst belegen, dass die Funktionen im Gehirn noch weitaus komplexer sind als die modernen Algorithmen, die die Basis des Deep Learnings bilden. Als Grundprinzip hinter der Lernmethode sollten Sie sich daher vorstellen, dass die Vernetzung einzelner Recheneinheiten, den sogenannten Neuronen, für die intelligente Verarbeitung von Informationen und Daten genutzt wird.

In unserem Gehirn sieht der Verarbeitungsprozess von Informationen wie folgt aus: Einzelnen Neuronen nehmen Signale anderer Neuronen auf und verarbeiten die darin enthaltenen Informationen. Die dadurch erhaltenen Daten werden an die nächste Neuronengruppe weitergeleitet. Somit kann jedem einzelnen Neuron in der Theorie eine bestimmte biologische Funktion geordnet werden, in dem sie Inputs (Signale anderer

Neuronen) analysiert und bewertet und daraufhin entsprechende Reaktionen an weitere Neuronen im Netzwerk weitergibt. Der Begriff neuronales Netz basiert daher darauf, dass eine Vielzahl der Neuronen in Schichten zusammengefasst und die entsprechenden Signale an die jeweils folgenden Schichten weitergeleitet wird, wodurch eine Vernetzung zwischen den einzelnen Neuronen entsteht.

5.3 Was verbirgt sich hinter dem Deep Learning?

Hinter dem Begriff des Deep Learning verbergen sich unterschiedlich Architekturmuster neuronaler Netze, die mehr als einen sogenannten **Hidden Layer** besitzen. Der große Vorteil des Deep Learnings besteht darin, dass zwischen den jeweiligen Neuronen-Schichten neue Informationen generiert werden können, die anhand der Erkenntnisse der Ursprungsinformation gewonnen werden. Dabei handelt es sich um eine Abwandlung, respektive Repräsentation der eigentlichen Eingangssignale. Auf diese Weise sind komplexe Algorithmen in der Lage, neue Datenpunkte anhand der aufgenommenen und verwerteten Daten zu abstrahieren. Diese Repräsentation der Daten ist der große und entscheidende Unterschied zwischen dem maschinellen und dem tiefen Lernen. Da heutige Modelle des Deep Learning eine hohe Zahl an Schichten verfügen, steigt auch die Abstraktionskapazität deutlich an. Auf diese Weise finden Programme, die auf dem Deep Learning basieren, schnellere Lösungen.

5.4 Wie sind neuronale Netze aufgebaut?

Um den weiteren verständlich darzustellen, empfiehlt sich in Blick auf den Aufbau der neuronalen Netze. Als Grundstein eines jeden Netzes gilt das Neuron. Dieses stellt einen Knotenpunkt dar, an dem nur ein oder gleich mehrere Signale zusammentreffen und durch spezifische Funktionen des Neurons weiterverarbeitet werden. Je nachdem an welcher Position im Netz sich das jeweilige Neuron befindet, kann es sich bei den eintreffenden Informationen um Signale aus der Eingangsschicht, aber auch um Signale vorhergehender Neuronen handeln. Nachdem die Signale verarbeitet wurden, werden die darin enthaltenen Informationen an nachfolgende Neuronen weitergeleitet. So gesehen lässt sich sagen, dass die weitergeleiteten Informationen eine Funktion der eingehenden Informationen sind.

Das Netz selbst setzt sich aus den vielen Schichten mit beliebig vielen Knoten zusammen. Einzelne Schichten werden im Fachjargon auch als Hidden Layer bezeichnet und bilden den Kern der Architektur aller Deep Learning Modelle. Analog zum Hidden Layer verfügt das Netz darüber hinaus über Input- sowie Output Layer. Der Input Layer steht dabei für den Eintrittspunkt der Daten, während der Output Layer das Ergebnis des Modells darstellt. Die hohe Leistungsfähigkeit der neuronalen Netze entsteht, in dem alle Neuronen eines benachbarten Layers mit diesem verbunden sind. Während des Trainings bleibt der Aufbau des Netzes folglich konstant. Von Iteration zu Iteration werden die Verbindungen so angepasst, dass der Spielraum für gemachte Fehler während des Lernprozesses immer geringer wird. Das Verringern dieses Bereiches wird auch als **Gradient Descent** bezeichnet. Er bildet die Basis für einen erfolgreichen Lernprozess und steht im Mittelpunkt einer jeden Deep Learning Software.

5.5 Architekturen können nahezu beliebig erstellt werden

Die Architektur eine neuronalen Netzes ist in erster Linie abhängig vom Anwender. Mithilfe von Tools wie Theano oder TensorFlow können Netzarchitekturen erstellt werden, deren Komplexität beliebig hoch oder niedrig sein kann. Seit 2006 wurden viele verschiedene Architekturen für spezifische Anwendungen entwickelt. Jede einzelne von ihnen verfügt über spezifische Vorteile und Eigenschaften die auf die Anwendung zugeschnitten sind. Somit wird die Verarbeitung spezifischer Informationen erleichtert.

Zu den am häufigsten genutzten Strukturen zählen die **Feedforward Netze**. Sie bestehen aus einem neuronalen Netz inklusive einer Inputschicht, mehreren Hidden Layers und einer Outputschicht. Feedforward Netze zeichnen sich durch die **Gewichtung** der Neuronen zu allen Neuronen vorheriger oder folgender Schichten aus.

Convolutional Neural Networks hingegen sind sehr spezielle neuronale Netze. Anwendungen finden sie fast ausschließlich bei der Verarbeitung räumlich angeordneter Daten. Diese können sich sowohl aus Bildformaten, Videoformaten oder Audiospuren zusammensetzen. Im Aufbau unterscheiden sich Convolutional Neural Networks klar von herkömmlichen Feedforward Netzen. Um die Struktur zu erschaffen werden unterschiedliche Layer genutzt. Dank ihnen ist es möglich, den grafischen Input aus unterschiedlichen Perspektiven zu untersuchen.

Dritte und ebenfalls sehr gängige Architektur im Bereich des Deep Learnings sind **Recurrent Neural Networks**. Sie bilden den Oberbegriff für eine ganze Gruppe an Architekturen neuronaler Netze. Dabei geben die Neuronen ihre Signale innerhalb eines geschlossenen Kreislaufs wieder. Um dies zu gewährleisten, muss der Output einer Schicht als Input an dieselbe Schicht zurückgegeben werden muss.

Parallel zu diesen drei Netzarchitekturen haben sich innerhalb weniger Jahre weitere Varianten sowie Abwandlungen entwickelt. Derzeit liegt ein Schwerpunkt der Forschung auf diesem Gebiet im Bereich der **Generative Adversarial Networks**. Generative Adversarial Networks werden genutzt, um Inputs zu synthetisieren. Auf diesem Weg ist es möglich, fast identische Daten zu erzeugen, die dem Input sehr nah kommen. Das Ziel hinter dieser Entwicklung ist vielversprechend und sehr interessant. Viele Kulturgüter wie Schriften oder Gemälde könnten fortan durch die künstliche Intelligenz nachempfunden werden. Wann und wie mit dem effektiven Einsatz der Generative Adversarial Networks zu rechnen ist, lässt sich allerdings noch nicht mit Sicherheit sagen. Aktuell befindet sich das Training entsprechender neuronaler Netze noch in der Entwicklungsphase und durchläuft bisher nur Programme auf experimenteller Basis. Jene Experimente brachten jedoch teils gute bis sehr gute Ergebnisse hervor, weshalb der Architektur auch in Zukunft viel Aufmerksamkeit zu Teil werden dürfte. Insbesondere die künstliche Bilderzeugung hat das Interesse der Forscher geweckt. Generative Adversarial Networks könnten schon bald dafür genutzt werden, um anhand aktueller Bilder verlässliche Simulationen des Aussehens im Alter zu generieren.

5.6 Welche Entwicklungen sind zu erwarten?

Bis heute gilt das Deep Learning nicht nur als die spannendste, sondern auch als die effektivste Methode des Machine Learning. Dank ihnen ist es möglich, eine Vielzahl beliebiger Fragestellungen zu lösen. Dank ihrer Fähigkeit, selbst abstrakte Konzepte aus den verarbeiteten Daten zu erstellen, bieten neuronale Netze sowohl eine besonders hohe Präzision als auch die Möglichkeit, neue Daten anhand alter Informationen zu generalisieren. Aufgrund der Fortschritte, die auch heute noch fast täglich auf diesem Gebiet gemacht werden, ist davon auszugehen, dass das Deep Learning auch in Zukunft die führende Disziplin des maschinellen Lernens bleiben wird. Parallel zu den Weiterentwicklungen der neuronalen Netze sowie der Algorithmen wird es auch weiterhin möglich sein, immer komplexere Architekturen zu entwickeln und entsprechende Aufgabenstellungen zu lösen.

6. Die KI im Zusammenspiel mit der Robotik

Während die sich die künstliche Intelligenz erst in den letzten Jahren rasant entwickelt hat, spielen Roboter schon länger eine größere Rolle. Vor allem mit Blick auf unterschiedlichste Industriezweige sind Roboter nicht mehr wegzudenken. Bereits in den 1980er Jahren schlug die Einführung von Robotern in der Autoindustrie große Wellen. Damals brach eine regelrechte Panik aus, dass viele Menschen ihre Arbeitsplätze an die automatisch arbeitenden Maschinen verlieren könnten. Heute wissen wir, dass Deutschland ohne die Roboter kein wettbewerbsfähiger Standort für die Automobilindustrie mehr wäre. Verglichen mit der heutigen Technik waren diese Roboter jedoch lediglich vorprogrammiert Maschinen, die Aufgaben übernahmen. Heutzutage ist die Entwicklung einen großen Schritt weiter, denn zunehmend wird versucht, die Robotik mit künstlicher Intelligenz zu kombinieren.

6.1 Welche Ziele verfolgt die Kombination?

Im Kern der Überlegungen, Mensch und Maschine zunehmend zusammenzuführen, stehen zwei Vorteile, die sich aus diesem Zusammenschluss ergeben. Einerseits können Roboter in Zukunft Aufgaben übernehmen, die entweder monoton oder einfach auszuführen sind. Auch wäre es denkbar, dass intelligente Roboter bald jene Aufgaben übernehmen, die für den Menschen Gefahren darstellen. Auf der anderen Seite bieten sich Gelegenheiten, die für den Menschen ohne Hilfe von Robotern nicht greifbar wären.

Denken Sie nur an die aktuellen Raumfahrtprogramme. Wir sind zwar in der Lage, Menschen auf den Mond zu bringen und können über Monate hinweg im Weltall leben, in dem wir uns Raumstationen wie die ISS zunutze machen. Und dennoch stoßen wir bei der Erkundung des Weltalls auf eine Mischung aus technischen und natürlichen Grenzen. Um die Erkundung des Weltalls voranzutreiben und andere Planeten zu besuchen, sind Roboter mittlerweile zu unverzichtbaren Helfern geworden. Schon im Jahr 1997 startete die Pathfinder-Mission, die wissenschaftliche Messgeräte auf den Mars bringen sollte. Das Unterfangen glückte und seitdem konnten wir nicht nur Bildern, sondern auch wichtige wissenschaftliche Erkenntnisse über den roten Planeten sammeln. 15 Jahre später landete das Fahrzeug mit Namen Curiosity auf dem Mars. Das 900 Kilogramm schwere Gefährt war mit zahlreichen Instrumenten ausgestattet. Seine Aufgabe bestand und besteht auch weiterhin darin zu ermitteln, ob die Oberfläche des Mars theoretisch als Biospähre dienen könnte.

Welche Fähigkeiten Roboter heutzutage besitzen, wird aber erst deutlich, wenn wir einen akribischen Blick auf die Arbeiten richten, die Curiosity auf dem Mars zu verrichten in der Lage war. Ausgestattet mit einem Laser zerlegt er Steine regelmäßig in seine Einzelteile und gibt seine Erkenntnisse an die Menschen auf der Erde weiter. Ein installierte Greifarm ermöglicht es weiterhin, Gesteinsproben einzusammeln, die in einer Mikrowelle zu schmelzen und die darauf gewonnenen Daten ebenfalls an die Erde weiterzuleiten. Eine essenzielle Frage, die der Rover beantworten soll, lautet: Gibt oder gab es früher einmal Leben auf dem roten Planeten? Auch nach einigen Jahren auf der Oberfläche konnte Curiosity noch keine klare Antwort auf diese Frage liefern. Kürzlich übermittelte er jedoch neue Hinweise. Bei der Untersuchung der Oberfläche stieß der Marsrover in Milliarden Jahre altem Sedimentgestein auf Spuren organischer Materie. Diese besteht zwar lediglich aus einfachen Kohlenstoff-Verbindungen, könnte aber tatsächlich einen Hinweis geben, dass der Mars vor langer Zeit ein lebensfreundlicher Planet war. Des Weiteren übermittelte Curiosity neue Daten, in denen deutlich schwankende Methankonzentrationen nachgewiesen konnten. Was zunächst nicht sonderlich spektakulär klingt, könnte ebenfalls einen Hinweis auf früheres Leben auf dem Mars liefern. Immerhin wissen wir von der Erde, dass Methan vorrangig durch biologische Prozesse entsteht.

Der Mars-Rover Curiosity zeigt deutlich auf, inwiefern das Zusammenspiel zwischen künstlicher Intelligenz, Robotern und dem Menschen eine mehr als nur sinnvolle Kombination ist. Ohne die Entwicklungen der letzten Jahre auf diesem Gebiet hätten wir auch heute noch kaum verwertbare Informationen über den Mars. Stattdessen sind wir längst dabei, die erste bemannte Mission zum Mars vorzubereiten. Es wird nur noch wenige Jahre dauern, bis die Menschheit nach dem Mond, seine Fußabdrücke auf einem weiteren Planeten hinterlässt. Spannend dürfte dabei insbesondere zu beobachten sein, inwiefern die künstliche Intelligenz das Leben der Siedler auf dem Mars unterstützen und beeinflussen wird.

6.2 Können Roboter mit künstlicher Intelligenz sogar Ärzte ersetzen?

Was zunächst surreal klingt, könnte in der Zukunft tatsächlich Realität werden. Dass die künstliche Intelligenz einen maßgeblichen Einfluss auf die Medizin haben wird, ist unbestritten. Die aktuellen Programme sind bereits dazu fähig, Krankheiten schneller zu diagnostizieren, als es menschliche Ärzte können. Allein die Vorstellung in naher Zukunft von einem Roboter behandelt zu werden, klingt trotz allem sehr ungewöhnlich. Auch in der Bevölkerung stößt dieser Gedanke noch nicht auf Gegenliebe. Immerhin gaben einer Umfrage zufolge 41 Prozent der Befragten an, dass sie sich zumindest in der Theorie vorstellen könnten, dass sie sich von einer KI untersuchen und behandeln lassen würden.

Auf der anderen Seite des Globus scheint man hingegen schon weiter zu sein. Der humanoide Roboter Xiaoyi, zu Deutsch "kleiner Doktor", hat seine ersten Test mehr als bravourös bestanden. Im November 2017 absolvierte er die ärztliche Zulassungsprüfung des Landes mit 96 Punkten. Dies entspricht einer überdurchschnittlichen Leistung. Hinter der Leistung verbirgt seine eine immense Datenmenge, mit der Xiaoyi gefüttert wurde. Im

Vorfeld der Prüfung wurde er mit einer regelrechten Datenflut gespeist. Der Input bestand aus nicht weniger als zwei Millionen medizinischer Akten, einer Million medizinischer Bilder, 400.000 Fachartikeln sowie 53 Fachbüchern. Da er die Prüfung erfolgreich absolviert hat, wäre er theoretisch berechtigt, fortan in China als Arzt zu praktizieren. Ob und wann Xiaoyi tatsächlich erstmals einen Arzt ersetzen wird, steht bislang noch in den Sternen. Allerdings liegen aktuell Pläne vor, nach denen das Gesundheitswesen in China ab dem Jahr 2025 stärker durch die KI unterstützt und in menschliche Tätigkeitsbereiche eingebunden werden soll.

Xiaoyi ist zweifelsohne eine Besonderheit, doch auch hierzulande wird die künstliche Intelligenz verstärkt für medizinische Zwecke genutzt. Immerhin gibt es erste Roboter, die bei Eingriffen assistierende Funktionen übernehmen und in ihrer Präzision schon jetzt die des Menschen übersteigen. Vorrangig liegt der Nutzen der künstlichen Intelligenz im medizinischen Rahmen noch immer in anderen Bereichen wie etwa der Überwachung von Vitalfunktionen oder der Auswertung von Blut- und Gewebeproben. Auf diesen Gebieten hat sich die KI jedoch bewährt. Aufgrund der verwendeten Hochleistungsprozessoren benötigen sie für die entsprechenden Analysen deutlich weniger Zeit als fachkundiges Personal.

Trotz aller Euphorie stehen insbesondere rechtliche Hürden dem erweiterten Einsatz von Robotern in der Medizin im Weg. Laut aktueller Gesetzeslage dürfen bestimmte Maßnahmen ausschließlich von ausgebildeten und approbierten Ärzten eingeleitet und durchgeführt werden. Der sogenannte Ärztevorbehalt darf keinesfalls umgangen werden. Einzige Ausnahme bilden spezielle Modellvorhaben, die der Forschung und Entwicklung auf dem Gebiet der künstlichen Intelligenz dienen. Darüber hinaus ist der Einsatz von Robotern in der Medizin eine Frage der Haftung. Stellen Sie sich vor, wir erreichen einen Punkt, an dem Roboter anhand der erlernten Fähigkeiten Operationen selbstständig durchführen können. Solange der Eingriff den Erwartungen entsprechend verläuft, gäbe es keine Schwierigkeiten. Doch wer haftet im Schadensfall, sollte ein Patient während der Operation zu Schaden kommen? Haftet das Krankenhaus, der Hersteller des Roboters oder der Software oder kann gar der Roboter selbst zur Rechenschaft gezogen werden? Fest steht in jedem Fall, dass der Einsatz künstlicher Intelligenz in diesem Bereich erst dann möglich ist, wenn die offenen Fragen bezüglich der Rechtslage geklärt und entsprechende Gesetze verabschiedet sind.

7. Interaktion zwischen Mensch und Maschine

Nahezu unwissend haben sich die meisten Menschen bereits daran gewöhnt, täglich in Kontakt mit der künstlichen Intelligenz zu kommen. Die sprachgesteuerten Assistenten auf Computern oder Smartphones geben uns auf Nachfrage Auskunft über das Wetter oder die aktuellen Sportergebnisse. Doch kaum jemand nimmt wahr, dass sich genau hinter diesem System die KI verbirgt. Im Mittelpunkt dieser Interaktion mit Computer oder Smartphone steckt das Zusammenspiel zwischen Mensch und Maschine. Einfach Vorgänge, die bereits seit Jahren unseren Alltag berühren, finden sich beispielsweise bei Kontaktschleifen bedarfsgesteuerter Ampeln. Zukünftig könnte die Weiterentwicklung auf diesem Gebiet viele Vorgänge vereinfachen und potenzielle Gefahren minimieren. Betrachten wir das Beispiel von Robotern, die auch heute bereits zur Entschärfung von Bomben genutzt werden. Noch agieren sie ausschließlich auf Kommandos, die mittels Sprach- oder Fernsteuerung gegeben werden. Um bei solchen Arbeiten noch feiner und effektiver vorgehen zu können, wird unter anderem an Neuroheadsets geforscht. Dank ihnen soll es künftig möglich sein, dass Computer Gehirnströme messen und anhand von Sensoren die Steuerung mittels reiner Gedankenkraft bieten. Auf diese Weise könnte unter Zuhilfenahme einer Kamera Arbeiten an der Bombe millimetergenau vorgenommen werden.

Nach einem identischen Verfahren könnte in Zukunft auch die Medizin bei Operationen vorgehen. Der menschliche Organismus ist nicht frei von Fehlern. Schon kleine Fehler können während einer Operation gravierende Folgen haben. Mithilfe von Neuroheadsets könnten diese künftig noch präziser durchgeführt werden. Dabei würde die Operation als solche keinesfalls automatisch durch die künstliche Intelligenz gesteuert werden. Vielmehr würde das Zusammenspiel zwischen Mensch und Maschine dazu beitragen, dass schwierige und komplizierte Eingriffe punktgenau und mit Aufsicht sowie unter Führung der Ärzte durchgeführt werden können.

7.1 Was ist die Interaktion zwischen Mensch und Maschine?

Hinter der sogenannten **Mensch-Maschine-Interaktion (MMI)** verbirgt sich die Interaktion sowie die Kommunikation zwischen Menschen und automatisierten Systemen. Im Fokus dieser Interaktion steht nicht nur die Bedienung industrieller Maschinen, sondern auch das Zusammenspiel zwischen Mensch und Computer, digitaler Systeme oder dem **Internet of Things**, kurz IoT. Durch die rasche Entwicklung der künstlichen Intelligenz während der letzten Jahre ist es möglich, immer mehr Geräte miteinander zu vernetzen und Aufgaben an die Geräte zu übermitteln, die diese anschließend automatisch ausführen. Prägend für dieses Zusammenspiel zwischen Mensch und Maschine ist ein möglichst intuitives Verhalten der Maschine, wodurch der Nutzer entlastet werden soll.

7.2 Wie funktioniert die MMI?

Um eine Kommunikation zwischen Mensch und Maschine überhaupt zu ermöglichen, bedarf es einer Schnittstelle. Um dieses Zusammenspiel bildlich darzustellen, müssen wir nur auf verschiedene Abläufe in unserem Alltag blicken. Betätigen wir einen Mechanismus wie etwa einen Lichtschalter, geht das Licht an oder aus. Nach demselben Prinzip funktioniert auch die Interaktion mit Maschinen, in deren Hintergrund allerdings eine künstliche Intelligenz arbeitet. Hierbei beschränkt sich die Interaktion jedoch nicht auf einen mechanischen Auslöser. Vielmehr kann die Steuerung mithilfe von Tasten, Touchscreens, der Sprache oder gar durch Gesten erfolgen. Daher wird die Steuerung primär in zwei Systeme unterscheiden. Einerseits gibt es Steuerungsoptionen, die einen direkten Zugriff des Benutzers, sprich eine Anweisung benötigen. Dem gegenüber stehen Systeme, die vollkommen automatisch auf Bedürfnisse seitens des Benutzers reagieren.

7.3 Welchen Einfluss hat die KI auf die Interaktion zwischen Mensch und Maschine?

Der Einfluss der künstlichen Intelligenz wird im Zusammenspiel zwischen Mensch und Maschine immer wichtiger. Bereits in den 1960er Jahren gab es erste Versuche, die Kommunikation zwischen Mensch und Computer zu automatisieren. Allerdings stießen diese Versuche schnell an ihre technischen Grenzen. Der **Chatbot Eliza** war zwar in der Lage, Fragen zu erkennen und Antworten zu geben, jedoch schaffte er es nicht, verlässliche Antworten auf Folgefragen auszugeben. Mittlerweile konnte dieser Prozess mithilfe des Machine Learnings optimiert werden. Im Alltag begegnen uns voll funktionsfähige Chatbots beispielsweise bei der Abfrage von Wetter- oder Flugdaten.

Dank der künstlichen Intelligenz, die hinter entsprechenden Bots steckt, ist es ihnen möglich, aus den an sie gestellten Anfragen zu lernen. Durch das sich somit erweiternde Repertoire können moderne Sprachassistenten sich selbstständig weiterentwickeln, ohne dass der Anwender direkte Befehle zum Erlernen geben muss. Entscheidender Faktor ist in jedem Fall jedoch die zur Verfügung gestellte Datenmenge. Das heißt, dass der Bot umso schneller lernt und effektiver arbeitet, je mehr Sie mit ihm interagieren.

7.4 Die Sprachsteuerung wird uns in Zukunft überall begleiten

Schon in Serien wie Star Trek wurden wir zeugen, wie die Kapitäne der Enterprise regelmäßig mit dem Computer kommunizierten. Was damals noch Fiktion war, ist heute längst Teil der modernen Interaktion zwischen Mensch und Maschine. Intelligente Sprachassistenten wie Amazones **Echo**, der **Google Assistant** oder Microsofts **Cortana** sind in der Lage, auf Spracheingaben zu reagieren.

Anhand des **Smart Home** lässt sich gut erkennen, inwiefern der Mensch bereits von der künstlichen Intelligenz hinter den Sprachassistenten profitiert und wie diese unseren Alltag vereinfacht. Durch unterschiedliche miteinander vernetzte Geräte reicht eine kurze verbale Eingabe aus, um Vorgänge in Räumen auszulösen, obwohl wir uns nicht darin befinden. Wer beispielsweise die Temperatur in einem bestimmten Raum senken will, der muss dafür im vernetzten Smart Home lediglich den Sprachbefehl dafür geben. An diesem Punkt greift erneut das Machine Learning ein. Durch regelmäßige Nutzung des Sprachassistenten ist es diesem möglich, im Laufe der Zeit die gewünschten Temperaturen zu analysieren und einen Durchschnittswert zu errechnen. Anhand dieser Werte kann die künstliche

Intelligenz ermitteln, welche Zimmertemperatur Sie bevorzugen.

Die Spracherkennung ist also bereits auf einem sehr guten Weg. Deutliche und klare Befehle, respektive Fragen werden verstanden, analysiert und verarbeitet. Und dennoch zeigt sich, dass Sprachassistenten noch nicht perfekt sind. Hauptverantwortlich für Fehler bei der Spracherkennung sind Nebengeräusche. Insbesondere Hintergrundgeräusche sind ausschlaggebend für fehlerhafte Eingaben. Aus diesem Grund ist es nicht verwunderlich, dass die Hersteller intensiv an einer Lösung arbeiten. Immerhin lassen sich deutliche Fortschritte erkennen, auch wenn es noch ein weiter Weg bis zum perfekten Sprachassistenten ist. Laut eines Tests lag die Fehlerquote vor fünf Jahren noch bei etwa 23 Prozent. Unlängst gelang es Forschern des Softwareriesen Microsoft die Fehlerquote auf unter sechs Prozent zu senken. Dieser Fortschritt ist zwar beachtlich, doch geben sich die Entwickler nicht damit ab. Ziel ist es weiterhin, einen Sprachassistenten zu entwickeln, der Eingaben quasi fehlerfrei aufnehmen kann. Sofern die Entwickler Mittel und Wege finden, dieses Problem zu beheben, dürften Sprachassistenten in fast allen Bereichen des Lebens zukünftig eine erhebliche Rolle spielen.

7.5 Neue Steuerungsoptionen werden bereits getestet

Mithilfe der Sprachsteuerung ist es schon jetzt möglich, vieles einfacher zu gestalten. Die Komplexität, die uns heutzutage im Alltag begegnet, trägt dazu bei, dass trotz allem nach weiteren Möglichkeiten zur Interaktion zwischen Mensch und Maschine geforscht wird. Aktuell steht insbesondere die **Gestensteuerung** im Fokus, die zeitnah die Bedienung von Touchscreens ersetzen könnte. Der Vorteil liegt im wahrsten Sinne des Wortes auf der Hand: Benutzer wären künftig nicht mehr darauf angewiesen, das Gerät mit der Hand zu berühren. Stattdessen könnten einfach Handbewegungen als Eingabe dienen. Bezüglich der Forschung auf diesem Gebiet scheint die Kooperation der Unternehmen Google und Infineon vielversprechend zu sein. Infineon hat für die Gestensteuerung mit dem Namen Soli einen Radarchip entwickelt. Dieser ist in der Lage, Wellen, die vom Finger des Benutzers reflektiert werden, zu empfangen. Das System dahinter funktioniert ähnlich wie die Echoortung von Fledermäusen. Sobald der Chip die Bewegungen des Fingers aufnimmt, werden diese registriert und an von Google entwickelte Algorithmen übertragen.

Funktionieren kann das System letzten Endes nur dadurch, dass alle durch Soli unterstützten Geräte später auf dieselben einheitlichen Fingerbewegungen reagieren. Experten gehen davon aus, dass Soli für eine Revolution sorgen könnte. Da der Radarchip von Infineon sehr klein und Googles Algorithmen präzise und zuverlässig sind, kann das System in fast allen erdenklichen Bereichen zum Einsatz kommen. So besteht die Möglichkeit, dass das System zukünftig Tasten und Schalter in vielerlei Hinsicht ersetzt.

7.6 Wohin führt der Weg?

Die bisherigen Fortschritte auf dem Gebiet der Interaktion zwischen Mensch und Maschine haben schon jetzt vieles einfacher gemacht. Dennoch ist die Entwicklung noch lange nicht am Ende angekommen. Der nächste Schritt ist fast schon logisch: In Zukunft sollen die bisherigen Interaktionen miteinander kombiniert werden. Ziel ist es, dass die Computer noch effektiver arbeiten und komplexe Vorgänge erfassen und ausführen zu können. Parallel zu dieser Entwicklung werden Sie während der nächsten Jahre feststellen, dass die bisherigen Eingabegeräte nach und nach aus Ihrem Umfeld verschwinden. Noch sind Eingabegeräte wie Fernbedienungen, Tastaturen oder Schalter Teil unseres Alltags. In nicht allzu ferner Zukunft werden diese jedoch mithilfe der künstlichen Intelligenz überflüssig, während moderne Steuerungssysteme wie Soli ihre Aufgaben übernehmen und den Alltag vereinfachen werden.

8. Künstliche Intelligenz im Mittelpunkt - Überwiegt die Gefahr den gewünschten Nutzen?

Nicht wenige Menschen stehen der künstlichen Intelligenz kritisch oder zumindest skeptisch gegenüber. Grund dafür ist in vielen Fällen die Angst, dass durch KI gesteuerte Technik einen zu großen Einfluss auf unser Leben haben könnte. Insbesondere mit Blick auf den Arbeitsmarkt sind diese Gefühle in erster Linie durch Angst gesteuert. Im Kern lässt sich diese Angst nachvollziehen, denn die Angst vor dem Unbekannten ist ein signifikantes Merkmal des menschlichen Wesens. Vielleicht denken Sie jetzt, dass diese Gefühle vor allem dadurch gesteuert werden, dass das Gebiet der künstlichen Intelligenz für den Normalo kaum greifbar ist. Allerdings haben selbst große Wissenschaftler bereits den mahnenden Finger gehoben. Laut Stephen Hawking könnte in ferner Zukunft ein Punkt erreicht sein, an dem die Weiterentwicklung der KI tatsächlich zu einem Problem für die Menschheit werden könnte. Ob, wie und wann es dazu kommt, ist derzeit jedoch nicht absehbar. Fest steht hingegen eines: Im derzeitigen Stadium der Entwicklung stellt die künstliche Intelligenz keine konkrete Gefahr für die Menschheit dar. Der wohl am kritischsten betrachtete Punkt ist und bleibt die Befürchtung, dass die KI über kurz oder lang Arbeitsplätze gefährden könnte. Doch wie viel Wahrheit steckt hinter dieser Angst und sollten wir uns dennoch für die Weiterentwicklung der künstlichen Intelligenz entscheiden, um von deren Nutzen zu profitieren?

8.1 Wie sieht die Realität aus?

Die Angst, dass die künstliche Intelligenz Arbeitsplätze gefährden könnte, ist keinesfalls unbegründet. Schon heute finden sich viele Vorgänge, die einst durch Menschen gesteuert wurden, heute jedoch vollkommen automatisiert ablaufen. Große Fast-Food-Ketten nutzen bereits die Möglichkeiten, die die Technik ihnen bietet. So gibt es Filialen, in denen Sie mittlerweile am Computer bestellen und gar bezahlen können. Bis auf das Zubereiten und das Servieren der Speisen passiert dort vieles mithilfe von modernen Computern. Ein ähnliches Vorgehen findet sich im Bereich der Kundenbetreuung in unterschiedlichsten Wirtschaftszweigen. Während früher noch menschliche Servicemitarbeiter für die Telefonhotlines verantwortlich waren, sind diese heutzutage meist nur noch auf direkten Wunsch des Kunden zu erreichen. Stattdessen kümmern sich in erster Linie intelligente Sprachapplikationen um den Kunden. Mit Blick auf diese Entwicklungen ist die Frage berechtigt, inwiefern dieser Prozess zukünftig voranschreiten und Arbeitsplätze gefährden könnte.

Vergessen sollten wir dabei jedoch nicht den Umstand, dass neue Technik generell nur sehr langsam angenommen wird. Verantwortlich hierfür ist eine gesunde Skepsis, die sowohl Entwickler als auch den normalen Bürger betreffen. Generell nehmen wir neue technische Errungenschaften schwer an, da sie einerseits meist teuer und andererseits fehlerhaft sind. Unter diesem Gesichtspunkt dürfte die technische Entwicklung zwar weiterhin rasant bleiben, bis sie in der Realität Anklang findet, werden noch Jahre vergehen. Ein übereiltes Verurteilen der künstlichen Intelligenz sollte aus diesem Grund vermieden werden. In naher Zukunft wird die KI jedenfalls nicht dafür sorgen, dass wir von heute auf morgen um unsere Arbeitsplätze fürchten müssen.

Ein weiterer Aspekt, der häufig in den Hintergrund gerät, ist die Tatsache, dass mit der Entwicklung künstlicher Intelligenzen Arbeitsplätze geschaffen werden. Neben den großen Marktführern im Bereich der Softwareentwicklung setzen zunehmend auch kleine Unternehmen für ihre Produkte auf künstliche Intelligenzen. Um den Betrieb zu gewährleisten, müssen für diesen

Sektor neue Stellen geschaffen werden, die nur von Menschen besetzt werden können - sei es im Bereich der Produktentwicklung, der Vermarktung, des Vertriebs oder in logistischen Positionen. Ohne menschliche Arbeitskräfte ist der Aufbau solcher Unternehmen nicht machbar. Fest steht in jedem Fall eines: Die künstliche Intelligenz ist mittlerweile dermaßen wichtig für viele betriebliche aber auch alltägliche Abläufe. Aus diesem Grund lässt sich mit Sicherheit sagen, dass sie nicht einfach wieder verschwinden wird. Folglich gibt es nur zwei Wege, wie mit ihr umgegangen werden kann. Entweder sie wird akzeptiert oder gefürchtet. Den größeren Nutzen werden zweifelsohne am Ende diejenigen haben, die sich auf die künstliche Intelligenz einlassen und von ihr profitieren.

8.2 Die künstliche Intelligenz ist längst im Alltag angekommen

Wie bereits erwähnt, sehen nicht wenige die künstliche Intelligenz als Bedrohung an, da sie oftmals als sehr futuristisch empfunden wird. Fakt ist jedoch, dass unser Alltag bereits in vielerlei Hinsicht durch die KI geprägt ist. Umfragen zufolge sind sich mehr als 60 Prozent der Befragten gar nicht bewusst, dass die künstliche Intelligenz ein Teil ihres Lebens ist. Selbst wer beispielsweise Google als Suchmaschine verwendet, stößt dabei auf künstliche Intelligenz in Form des Machine Learning. Selbiges gilt für Dienstleister wie Amazon, Netflix oder das Videoportal Youtube. Wahrscheinlich haben Sie sich auch schon gefragt, warum diese Seiten Ihnen regelmäßig Vorschläge unterbreiten. Mal ist es eine Werbung, die ziemlich spezifisch erscheint, mal ein Video, das Ihnen gefallen könnte. Dahinter verbergen sich Softwareprogramme, die mithilfe künstlicher Intelligenz arbeiten und zunehmend lernen. Als Resultat dieses Prozesses geben die Programme auf Sie zugeschnittene Vorschläge wieder, die anhand ihres Nutzerverhaltens berechnet werden konnten. Je öfter und intensiver Sie die jeweiligen Angebote nutzen, desto effektiver arbeitet der Algorithmus hinter der Software und desto präziser werden künftige Vorschläge auf Sie zugeschnitten sein.

8.3 Wie die KI die Politik beschäftigt

Wenn neue Errungenschaften wie die künstliche Intelligenz in rasantem Tempo voranschreiten, müssen Politiker handeln und sich des Themas annehmen. Immerhin geht es darum, die Interessen des Volkes zu wahren und Arbeitsplätze innerhalb des Landes zu sichern. Insbesondere in der westlichen Welt wird die potenzielle Gefahr der KI akribisch ins Auge gefasst. Bereits unter Präsident Obama gab es in den Vereinigten Staaten eine umfangreiche Analyse der Auswirkungen künstlicher Intelligenz auf den Arbeitsmarkt. Die Studie ergab, dass innerhalb nur eines Jahrzehnts fast die Hälfte aller Arbeitsplätze verloren gehen könnten. Diesen Umstand wollte man keinesfalls beschönigen. Allerdings wurde ebenfalls berücksichtigt, inwiefern die KI neue Arbeitsplätze schafft. Entsprechend dieser Analyse kam die Regierung zu der Überzeugung, dass die künstliche Intelligenz im eigentlichen Sinn keine Gefahr birgt, sondern lediglich die Berufswahl massiv beeinflussen wird. Zwar müssten viele Investitionen in die Umstrukturierung von Unternehmen fließen, jedoch könnten diese dafür sorgen, dass frühzeitig ausreichend Aus- und Weiterbildungsmöglichkeiten geschaffen würden. So gesehen verändert die Entwicklung im Bereich der künstlichen Intelligenz zwar den Arbeitsmarkt, die

Gefahr, dass Millionen von Menschen plötzlich arbeitslos würden, könnte durch rechtzeitige Korrekturen der Unternehmens- und Ausbildungsstrukturen aber gemindert werden.

Fassen wir all diese Faktoren zusammen, so lässt sich zweifelsohne sagen, dass die künstliche Intelligenz große Veränderungen mit sich bringt und auch in Zukunft mit sich bringen wird. Die Vorteile, die daraus im Alltag entstehen, überwiegen deutlich. Künftig werden viele Verfahren noch einfacher sein und somit Zeit sowie Aufwand in verschiedenster Hinsicht minimieren. Keinesfalls sollte versucht werden, die künstliche Intelligenz wieder einzudämmen. Allein im Bereich der Medizin sind wir heute dank der KI in der Lage, viele Krankheiten frühzeitig zu erkennen und zu behandeln. Ebenso hilft sie dabei, Frühwarnsysteme für Naturkatastrophen zu verbessern. Die Zahl der Menschen, die mithilfe der künstlichen Intelligenz auf diesen Wegen gerettet werden können, lässt sich nicht konkret beziffern. Sie dürfte allerdings hoch genug sein, um die Weiterentwicklung zu rechtfertigen. Diesem Aspekt wird bei der kritischen Betrachtung der künstlichen Intelligenz meist zu wenig Aufmerksamkeit geschenkt. Wird die Forschung auf dem Gebiet der KI weiter vorangetrieben und intensiviert, so kann die gesamte Menschheit davon profitieren.

9. Wie wird sich die künstliche Intelligenz zukünftig entwickeln und welchen Einfluss wird sie haben?

Die künstliche Intelligenz bietet zweifelsohne Vorteile, die der Mensch niemals erreichen kann. In weiten Teilen der industriellen Produktion sind sie längst zum Standard geworden und agieren als fleißige, nimmermüde Helfer. Sie arbeiten nicht nur akkurat, sondern auch deutlich schneller als ihre humanoiden Kollegen. Wenngleich sich das Verhältnis der Angestellten zur künstlichen Intelligenz wohl nie ändern und Skepsis immer Bestandteil des Zusammenspiels zwischen Mensch und Maschinen bleiben wird, gehört die KI in jeden vernünftigen Businessplan industrieller Unternehmen.

Wie viel Wert auf die künstliche Intelligenz gelegt wird, beweist eine McKinsey-Studie aus dem Jahr 2017. Befragt wurden Unternehmen zu ihren Ausgaben bezüglich der Erforschung und Entwicklung in diesem Gebiet. Google, Microsoft und Co haben innerhalb von nur einem Jahr nicht weniger als 27 Milliarden Dollar in die Forschung und Entwicklung der künstlichen Intelligenz investiert. Die Begründung für diese immensen Summen waren fast alle deckungsgleich: Intelligente und automatisierte Systeme gelten mittlerweile als Grundstein für das Erreichen neuer Produktivitätslevel.

9.1 Unternehmen planen mit Robotern und Angestellten

Die weit verbreitete Meinung, dass die künstliche Intelligenz in Kombination mit Robotern über kurz oder lang zum Jobkiller wird, wird nicht von allen geteilt. Zu diesem Thema hat IT- und Businessunternehmen Avanande Manager und Verantwortliche aus dem IT-Sektor befragt. Die Führungspersonen aus acht Ländern, darunter die USA, Deutschland und Japan, äußerten sich zum aktuellen Stand und zu ihren Erwartungen für die nahe Zukunft. 31 Prozent der befragten Manager gaben an, dass ihre Unternehmen schon jetzt auf durch künstlich Intelligenz unterstützte Automatismen zurückgreifen. In diesem Punkt liegt Deutschland mit 22 Prozent deutlich unter dem Durchschnitt, da hierzulande mehr Skepsis herrscht als in vielen anderen Ländern. Es wird dennoch erwartet, dass sich die Zahl der Unternehmen, die die KI nutzen, bis 2020 verdoppeln wird. Allein dieser Trend macht deutlich, wie groß das Potenzial der künstlichen Intelligenz ist und dass sie als richtungsweisendes Element aus zukünftigen Unternehmensplanungen kaum wegzudenken ist.

9.2 Intelligente Roboter sollen die Arbeit erleichtern, aber nicht den Arbeiter ersetzen

Selbst wenn die Weiterentwicklung und die Intensivierung des Einsatzes der künstlichen Intelligenz ganz oben auf der Liste der Unternehmen steht, so sehen die Führungspersonen die Jobs ihrer Angestellten nicht in Gefahr. Vielmehr legen sie Wert darauf, dass intelligente Maschinen und Menschen gemeinsam arbeiten. Die Einbindung der KI soll keinesfalls den Menschen ersetzen, sondern die Arbeitskraft mit der Technik verbinden. Durch diese Zusammenführung versprechen sich die Unternehmen sowohl eine Steigerung der Produktivität als auch schnelle und deutlich effektivere Entwicklungszyklen neuer Produkte.

10. Fazit

Mit Blick auf die letzten Jahrzehnte lässt sich festhalten, dass die künstliche Intelligenz zwar aus den Kinderschuhen heraus gewachsen, aber noch lange nicht am Ende ihrer Entwicklung ist. Vielmehr dürfte es künftig darum gehen, bisherige Ergebnisse effektiver zu nutzen und die Forschung und Entwicklung noch weiter zu steigern. Wohin der Weg der künstlichen Intelligenz führen mag, wird sich innerhalb weniger Jahre zeigen. Bedenken Sie nur, wie wenig Zeit seit dem ersten Schachroboter bis heute vergangen ist und welche Fortschritte auf dem Gebiet seitdem zu verzeichnen waren.

Vorbehalte wird es sicherlich auch weiterhin geben, aber je weiter die künstliche Intelligenz voranschreitet, desto mehr sollten die positiven Effekte auch für den normalen Bürger erkennbar sein. Schon jetzt sorgen vernetzte intelligente Geräte und Programme dafür, dass viele Aufgaben im Alltag einfacher gestaltet und bewältigt werden können. Dass dieser Trend in Zukunft abebben wird, ist ausgeschlossen. Warum sollten wir auch auf Elemente verzichten, die in so vielen Bereichen nützlich für uns sein können und dabei Leistungen erbringen, zu denen ein Mensch niemals imstande wäre? Dank intensiver Forschung könnten wir zeitnah einen Punkt erreichen, an dem technische Fehler fast vollständig ausgeschlossen werden können. Intelligente

Programme können dabei helfen, Fehler schon im Ansatz zu erkennen und rechtzeitig eingreifen. Nur wenn diese Entwicklung intensiv fortgeführt wird, wird es möglich sein, dass Autounfälle oder Flugzeugabstürze der Vergangenheit angehören. Parallel dazu könnten Systeme entstehen, mit deren Hilfe der körperliche Gesundheitszustand durch vernetzte Geräte in den eigenen vier Wänden vollautomatisch überprüft wird und lebensbedrohliche Situationen frühzeitig erkannt werden.

Wer sich bis jetzt noch nicht mit der künstlichen Intelligenz angefreundet hat, der sollte langsam aber sicher damit beginnen. Wer sich hingegen vor den technischen Innovationen versteckt, der wird es zunehmend schwieriger haben als andere - sei es im Alltag oder im Job. Die Einsicht, dass die künstliche Intelligenz und der Mensch Hand in Hand vieles bewirken können, ist sogar ein notwendiges Muss, wenn wir unsere technischen Errungenschaften möglichst effizient ausnutzen und von ihnen profitieren wollen. Immerhin sehen aktuelle Vorhaben nicht nur vor, das Weltall zu erkunden. Vielmehr sollen die technischen Möglichkeiten ausgenutzt werden, um schon bald das All besiedeln zu können. Etwaige Entwicklungen werden allerdings nur dann durchzuführen sein, wenn wir der künstlichen Intelligenz auch zukünftig keine Steine in den Weg legen und weiterhin in die Forschung investieren.

Quellen

https://www.censhare.com/de/blog/article/warum-die-vorteile-kuenstlicher-intelligenz-deren-risiken-ueberwiegen

https://www.infineon.com/cms/de/discoveries/human-machine-interaction/

https://www.vdi-wissensforum.de/news/robotik-und-kuenstliche-intelligenz-veraendert-wie-wir-dinge-produzieren-werden/

https://www.aerztezeitung.de/praxis_wirtschaft/medizintechnik/article/963930/kuenstliche-intelligenz-roboter-aerzte-zukunft.html

https://www.bigdata-insider.de/was-ist-deep-learning-a-603129/

https://www.shinepowered.com/2017/09/13/kuenstliche-intelligenz-machine-learning-deep-learning-neuronale-netze/

https://www.computerwoche.de/a/was-sie-ueber-maschinelles-lernen-wissen-muessen,3329560

https://www.statworx.com/de/blog/deep-learning-teil-1-einfuehrung/

http://www.absatzwirtschaft.de/kuenstliche-intelligenz-2020-arbeiten-mensch-und-roboter-hand-in-hand-110483/

https://www.computerwoche.de/a/eine-kleine-geschichte-der-kuenstlichen-intelligenz,3330537,6

https://t3n.de/news/kuenstliche-intelligenz-arbeiten-910516/

http://www.spiegel.de/wissenschaft/natur/mars-curiosity-findet-organisches-material-a-1211745.html

http://www.oeffentliche-it.de/-/mensch-maschine-interaktion

https://www.iais.fraunhofer.de/de/forschung/bereiche/deep-learning.html

https://www.searchenterprisesoftware.de/tipp/Der-Unterschied-zwischen-Machine-Learning-und-Deep-Learning

Rechtliches und Impressum

Die Inhalte dieses Buches wurden anhand von anerkannten Quellen recherchiert und mit hoher Sorgfalt geprüft. Der Autor übernimmt dennoch keinerlei Gewähr für die Aktualität, Richtigkeit und Vollständigkeit der bereitgestellten Informationen.

Haftungsansprüche gegen den Autor, welche sich auf Schäden gesundheitlicher, materieller oder ideeler Art beziehen, die durch Nutzung oder Nichtnutzung der dargebotenen Informationen bzw. durch die Nutzung fehlerhafter und unvollständiger Informationen verursacht wurden, sind grundsätzlich ausgeschlossen, sofern seitens des Autors kein nachweislich vorsätzliches oder grob fahrlässiges Verschulden vorliegt. Dieses Buch ist kein Ersatz für medizinische oder professionelle Beratung und Betreuung.

Auflage 06/2018

Kontakt: Tim Ong/ Türkstr. 4/ 30167 Hannover
Coverfoto: Phonlamai Photo/shutterstock.com
Formatierung: Phillip Kuhlmann

32334790R00049

Printed in Poland
by Amazon Fulfillment
Poland Sp. z o.o., Wrocław